ÖFFENTLICHES KRISEN-MANAGEMENT BEI COVID-19

ANALYSE

Herstellung und Verlag: BoD – Books on Demand, Norderstedt
ISBN: 9783751915939

Sämtliche Angaben wurden umfassend recherchiert. Trotzdem kann für die Korrektheit keine Gewährleistung übernommen werden. Der Leser sollte sich selbst vergewissern, dass die Angaben zum jeweiligen Zeitpunkt noch in der veröffentlichten Form als aktuell gelten. Dieses Handbuch stellt in keiner Weise eine Rechtsberatung dar. Über konstruktive Kritik ist der Autor jederzeit dankbar.

Der Stand bezieht sich auf den Mai 2020.

Inhaltsverzeichnis

Inhaltsverzeichnis

WIDMUNG

Ich möchte dieses Buch meinem Vater Dr. Manfred Kötter widmen.

VORWORT

Nach anfänglich eher beschwichtigendem Verhalten wurden in immer kürzeren Abständen neue behördliche Maßnahmen beschlossen und Rechte eingeschränkt. Dadurch stellte sich zunehmend die Frage, ob alle Maßnahmen so gerechtfertigt waren. Dies soll hier analysiert werden. Zudem soll die Vorbereitung auf eine solche Krise anhand der Politik beleuchtet werden. Mit dem bereitgestellten Material soll sich der Leser selbst ein Urteil bilden können.

Vornehmlich wird dabei die Situation in Deutschland untersucht. Europäische und internationale Vorgehensweisen werden zwar bei Bedarf referenziert, aber sollen Thema einer eigenen Abhandlung werden.

Pandemie Planstudie von 2012

Hintergrund

Entgegen einiger Meinungen und viral gegangenen Videos ist hinter dem Dokument keine geheime Information der Bundesregierung versteckt. Die Studie ist frei aufrufbar[1].

In der Studie, die u. a. in Zusammenarbeit mit dem Robert-Koch-Institut erarbeitet wurde, wurde davon ausgegangen, dass sich ein neuartiges SARS-Virus, namentlich Modi-SARS, von Asien aus über Reisende nach Deutschland in zwei Städte ausbreitet. Die Symptome der Erkrankung entsprechen in etwa denen, die 2003 bei der SARS-Problematik auftraten. Sie sind denen bei COVID-19 vergleichbar.

Das Risiko für eine Eintrittswahrscheinlichkeit wurde bei einmal im Zeitraum von 100 bis 1.000 Jahren angenommen. Dies hat sich nun überholt, allein in den letzten Jahren kam es zum Auftreten mehrerer potenziell vergleichbarer Ausbrüche. Der Abstand zwischen SARS-1 und SARS-CoV-2 dauerte nur 16 Jahre, sodass der durchschnittliche Bürger in seinem Leben mit hoher Wahrscheinlichkeit mindestens eine Pandemie erleben wird.

Die Letalität wurde im Bericht mit 10 % angenommen, dieser Wert liegt bei COVID-19 vermutlich zu hoch. Bei den über 65-Jährigen wurde eine Letalität von über 50 % angenommen. Im Ergebnis kam die Studie auf 7,5 Millionen Tote über 3 Jahre.

---

[1] Z. B. hier:
https://www.bbk.bund.de/SharedDocs/Kurzmeldungen/BBK/DE/2020/03/Erklaerung_Risikoanalyse_2012_Bundesregierung_Pandemie.html.

BEWERTUNG

Die Studie war als Worst-Case-Szenario ausgelegt und lässt sich somit nicht 1:1 auf COVID-19 übertragen.

Allerdings wurde damals bereits bezweifelt, ob für die Bevölkerung ausreichend Schutz, z. B. Mundschutz, bereitsteht[2]. Bereits hier hätte vom Bundestag, dem Adressat der Risikoanalyse, ein entsprechender Bedarf erkannt werden müssen.

Weiter erwähnt der Bericht deutliche Einschränkungen im Flugverkehr[3]. Bereits hier hätte erkannt werden müssen, dass z. B. ein rascher Import von Schutzartikeln z. B. aus China nicht mehr funktionieren dürfte. Das einmal abgesehen davon, dass China das produzierte Material während der Hauptphase selbst benötigte und es nicht mehr exportiert werden durfte. Auch das war vorhersehbar.

Im Bereich Gesundheitswesen erwähnt der Report: „Die medizinische Versorgung bricht bundesweit zusammen."[4] Es wird festgestellt, dass der überwiegende Teil der Erkrankten nicht mehr adäquat versorgt werden kann. „Arzneimittel, Medizinprodukte[5], persönliche Schutzausrüstungen[6] und Desinfektionsmittel werden verstärkt nachgefragt." Bereits hier hätte erkannt werden müssen, dass auf absehbare Zeit in kurzer Zeit ein hoher Bedarf entstehen würde. Unter Berücksichtigung der Einschränkungen des Warenverkehrs hätte bereits damals erkannt werden müssen, wie wichtig eine inländische Bevorratung oder Produktionsmöglichkeit gewesen wäre.

---

[2] Bericht zur Risikoanalyse im Bevölkerungsschutz 2012, Seite 67, Abs. 2.
[3] Bericht zur Risikoanalyse im Bevölkerungsschutz 2012, Seite 71, Sektor Transport und Verkehr.
[4] Bericht zur Risikoanalyse im Bevölkerungsschutz 2012, Seite 73, Sektor Gesundheit.
[5] Z. B. Beatmungsgeräte.
[6] Z. B. FFP2-Masken.

Bezüglich Laboratorien wurde eingeschätzt, dass diese normal arbeiten könnten. Allerdings wurde hierbei nicht bedacht, dass für die Durchführung von Tests auch Reagenzien benötigt werden, die in Krisenzeiten nicht mehr so einfach zu beschaffen sind. Manche Reagenzien, wie z. B. Isopropylalkohol, werden primär zur Herstellung von Desinfektionsmittel verwendet und sind nun ausverkauft.

Laboratorien benötigen diesen Alkohol z. B. für PCR-Testungen. Sie müssen ihre Tests also einschränken, Reagenzien beim Testverfahren halbieren[7], oder Tests begrenzen. Diese Einschätzung war absehbar falsch.

Bezüglich der Lebensmittelversorgung wurden Engpässe vorausgesehen. Das deckt sich mit dem Umstand, dass bei COVID-19 nicht alle Lebensmittel in gewohnter Menge und Qualität zur Verfügung stehen. Insbesondere die Landwirtschaft leidet an einem Mangel von Erntehelfern, welche bei geschlossenen Grenzen nicht zur Verfügung stehen.

Bezüglich der Wirtschaft notiert der Bericht: „Die volkswirtschaftlichen Auswirkungen sind hier nicht konkret abschätzbar, könnten allerdings immens sein."[8] Bezüglich der Produktion heißt es: „Zahlreiche Güter und Dienste werden weltweit nur von wenigen Schlüsselproduzenten bereitgestellt." Bereits hier hätte die Notwendigkeit, krisenwichtige Güter und Dienstleistungen inländisch anzubieten, festgestellt werden müssen.

---

[7] Hiermit verändern sich jedoch Sensitivität und Spezifität, das Ergebnis wird unzuverlässiger.
[8] Bericht zur Risikoanalyse im Bevölkerungsschutz, Seite 78 Abs. 3.

DIE „BERTELSMANN-STUDIE" VON 2019

Die sogenannte „Bertelsmannstudie" wurde im Jahr 2019 von der Bertelsmannstiftung beim Berliner Institut für Gesundheits- und Sozialforschung in Auftrag gegeben. Im Ergebnis kam die Studie zu dem Ergebnis, dass die Zahl der Krankenhäuser in Deutschland von damals 1.400 auf 600 reduziert werden solle.

Dies würde insgesamt durch Konzentrierung von Fachabteilungen zu einer besseren Patientenversorgung führen. Komplizierte Medizingeräte sollten in wenigen Zentren konzentriert werden.

Als einer der Gründe wurde ein Mangel an Pflegekräften angegeben, da es nicht genug ausgebildete Menschen in entsprechenden Berufen gäbe, um die bestehende Zahl an Krankenhäusern qualitativ hochwertig zu betreiben. Eine Aufwertung des Pflegeberufs, um mehr Menschen in die Pflegearbeit zu holen, wurde nicht empfohlen.

Anfang 2020 wurde folgte ein Kommentar zur Studie[9]. Es wird konstatiert, dass sich die Studie nur auf die Regelversorgung im Normalbetrieb bezogen habe. Weiterhin sei es nun zu früh, um Schlussfolgerungen für die zukünftige Krankenhausstruktur abzuleiten.

Die Studie sorgte bereits 2019 nach Veröffentlichung für Kritik von vielen Seiten, unter anderem der Deutschen Stiftung Patientenschutz, Marburger Bund, Deutschen Krankenhausgesellschaft, ver.di, der Politik und der Bundesärztekammer.

---

[9] https://www.bertelsmann-stiftung.de/de/themen/aktuelle-meldungen/2019/juli/eine-bessere-versorgung-ist-nur-mit-halb-so-vielen-kliniken-moeglich.

Bundesgesundheitsminister Spahn wünschte sich im Verlauf zunächst einen Mix aus Versorgung vor Ort und Spezialisierung in Zentren. Noch am 20.02.2020 sprach er sich für mehr Mut bei Klinikschließungen aus[10].

Nachdem ab Anfang März 2020 Corona zur weltweiten Pandemie wurde, forderten viele Politiker, die 2019 noch ganz überzeugt Krankenhäuser schließen wollten, nun eine sofortige Ausweitung sämtlicher Kapazitäten.

Georg Baum, Geschäftsführer der deutschen Krankenhausgesellschaft, sagte am 07.04.2020 der Zeit online, dass die Existenz vieler kleiner Krankenhäuser in der Fläche in diesen Tagen eine Lebensversicherung für Tausende von Menschen sei. Es sei nicht vorstellbar, was passieren würde, wenn es nur wenige Großkliniken und davon einige mit Aufnahmestopp durch die Infektionslast gäbe[11].

In Künzelsau wurden im März 2020 ein Krankenhaus wieder reaktiviert (geschlossen November 2019), das teilweise geschlossene Klinikum Zweibrücken wurde wieder hochgefahren und in Bayern will Ministerpräsident Söder 26 geschlossene Kliniken nun wieder öffnen, in Wolfhagen und Hofgeismar werden 2 Kliniken durch den Landkreis übernommen.

Zur Studie selbst bezüglich Interessenkonflikten bleibt festzuhalten, dass eine wichtige Person bei der Bertelsmannstiftung, Dr. Brigitte Mohn, gleichzeitig einen Sitz im Aufsichtsrat der Röhn-Klinikum AG innehat. Die Rhön-Klinikum AG als Betreiber großer Kliniken könnte von der Schließung kleinerer Krankenhäuser auf dem Land aber finanziell profitieren.

---

[10] https://www.aerzteblatt.de/nachrichten/109564/Spahn-wuenscht-sich-mehr-Mut-bei-Debatte-um-Krankenhausschliessungen.
[11] https://www.zeit.de/arbeit/2020-04/gesundheitswesen-coronavirus-krankenhaus-unterfinanzierung-personal/seite-2.

11

KRISENKOMMUNIKATION

Insbesondere zu Beginn der Pandemie wurden eher beruhigende Nachrichten verbreitet.

Ende Januar wurde von einer Sprecherin des Bundesgesundheitsministeriums verkündet, die von dem Erreger ausgehende Gefahr für Deutschland sei sehr gering.

Weiterhin wurde im Januar kommuniziert, „die Lage unter Kontrolle" zu haben. Für den Januar mag dies auch noch zugetroffen haben, als die Fallzahl sehr gering war. Dies änderte sich schlagartig mit exponentiellen Fallzahlzunahmen ab Februar. „Deutschland ist gut auf die Krise vorbereitet" klingt doch eher wie „Niemand hat die Absicht eine Mauer zu bauen."[12]

Als in der Krisenkommunikation übliches Mittel hat sich etabliert, dass früher oder später die Geschäftsführung eine Einschätzung zur Lage abgibt – nicht die Pressesprecher oder andere Abteilungen. Für Deutschland ist das Dr. Angela Merkel. Diese trat aber erst recht spät öffentlich in Erscheinung.

Auch das Robert-Koch-Institut verbreitete am Anfang keine einschneidenden Einschätzungen. Und Das, obwohl es selbst 2012 an der o. g. Studie mitgewirkt hatte.

In der späteren Kommunikation wurden seitens der Bundeskanzlerin dann „Öffnungsdiskussionsorgien" kritisiert.

---

[12] https://www.manager-magazin.de/digitales/it/kommunikation-der-bundesregierung-in-coronavirus-krise-nicht-gut-a-1305385.html.

13

Zwangsverpflichtung von Personen in Gesundheitsberufen

Nordrhein-Westfalen

Einen Vorstoß in der Verpflichtung von Gesundheitsberufen gab es Anfang April 2020 durch das Bundesland Nordrhein-Westfalen, vertreten durch den Ministerpräsidenten Armin Laschet.

Ein neuer eiliger Gesetzentwurf sah dabei die Möglichkeit vor, sämtliche Bürger mit Ausbildung in Gesundheitsberufen zur Zwangsarbeit bei Bedarf zu verpflichten. U. a. sollten Ärztekammern entsprechende Daten zu Ausbildungen und Kontaktadressen liefern. Bei Verstößen sollte die Strafe bis zu € 500.000 betragen[13].

Eine solche Maßnahme wäre bisher nur im Verteidigungsfall möglich gewesen, den der Bundestag mit einer Zweidrittelmehrheit der Stimmen beschließen müsste und Personalnotstand auftreten würde. Eine Pandemie ist aber kein Krieg.

Der Gesetzentwurf enttäuschte viele Mitarbeiter aus dem Gesundheitswesen, die bereits freiwillig Überstunden und Mehrarbeit zur Bewältigung der Krisensituation leisteten. Aufgrund des großen Widerstands wurde die Möglichkeit zur Zwangsverpflichtung zunächst wieder gestrichen.

---

[13] § 15 Abs. 1 ff. Gesetzentwurf der Landesregierung NRW zur konsequenten und solidarischen Bewältigung der COVID-19-Pandemie in Nordrhein-Westfalen und zur Anpassung des Landesrechts im Hinblick auf die Auswirkungen einer Pandemie.

BAYERN

Die bayerische Staatsregierung hat am 17.03.2020 einen Gesetzentwurf für ein bayerisches Infektionsschutzgesetz dem Landtag vorgelegt[14]. Alle 6 Fraktionen stimmten dem Gesetz zu. Der wissenschaftliche Dienst des Bundestages meldete jedoch Zweifel ob der Rechtmäßigkeit dieses Gesetzes an[15].

Anfang April erfolgte in Würzburg, Bayern, die erste Zwangsverpflichtung von Ärzten in Würzburg[16]. Diese wurden Pflegeheimen zugeteilt. Grundlage für diese Aktion ist das o. g. Gesetz.

Auch dies sorgte für viel Aufsehen und Widerstand. Insbesondere offen blieb die Frage, wie die eigenen Patienten der zwangsverpflichteten Ärzte versorgt werden sollen – denn ihr Arzt steht ja nur noch dem Pflegeheim zur Verfügung.

Weiterhin musste die Einsatzplanung jede Woche an die Stadt Würzburg gemeldet werden. Andere Ärzte – u. a. die eigentlich behandelnden Hausärzte – bekamen absolutes Vertretungsverbot.

Zur Arbeitsbelastung ist zu sagen, dass die Stadt Würzburg einen Arzt zu einer 7-Tage-Woche verpflichtete: 5 Tage je 14 Stunden und 2 Tage am Wochenende je 11 Stunden Zwangsarbeit. Dies ist nicht nur aus arbeitsrechtlicher Sicht, sondern auch arbeitsmedizinischer Sicht überaus bedenklich.

Ein Widerspruch gegen den Bescheid wurde nicht zugelassen, es konnte nur Klage binnen 4 Wochen erhoben werden.

---

[14] Landtagsdrucksache 18/6945 „Bayerisches Infektionsschutzgesetz (BayIfG)".
[15] https://www.aerztezeitung.de/Nachrichten/Bayerisches-Corona-Pandemie-Gesetz-nicht-rechtmaessig-408598.html.
[16] Durch die Stadt Würzburg als untere Katastrophenschutzbehörde.

GESETZENTWURF ZUR FINANZIERUNG DER CORONAKRISE

Am 22.3.2020 legte Bundesgesundheitsminister Jens Spahn seinen Gesetzentwurf zur Finanzierung der Corona-Krise der Öffentlichkeit vor. Schon am selben Tag wurde er wieder zurückgezogen, nachdem es einen heftigen Proteststurm sämtlicher Betroffener aus dem Krankenhausbereich gab.

Die Kritik drehte sich um die Höhen der geplanten Finanzierungshilfen, welche viel zu niedrig gerechnet waren. Die Hilfen waren erforderlich geworden, weil die deutsche Krankenhauslandschaft die Forderungen der Regierung, sich auf eine Corona-Pandemie vorzubereiten, umgesetzt hat.

Krankenhausbetten wurden freigehalten, Intensivbetten wurden aufgestockt, Personal rekrutiert und Materiallager aufgefüllt.

Die Deutsche Krankenhausgesellschaft führte einen Fakten-Check durch:

U. a. wurden den Krankenhäusern für die freigehaltenen Betten € 2,4 Milliarden zugesagt. Das sei der Betrag, den sie von den Krankenkassen für die freien Betten erhalten hätten. Es wurde vorgerechnet, dass dies nur 75 % der entsprechenden Summe wären.

Weiterhin wurde für Pflegepersonalkosten im Gesetzentwurf ein erhöhter Abrechnungswert propagiert. Allerdings war die neue Höhe nicht garantiert, sondern hätte nach dem Ende der Pandemie einer kritischen Prüfung durch die Krankenkassen unterzogen werden müssen. Für andere Mitarbeiter, u. a. Ärzte, für Überstunden und Freiwillige sollte kein Zusatzbetrag an die Krankenhäuser bezahlt werden.

Pro geschaffenem Intensivbett sollten € 30.000 gezahlt werden, während die korrekte Höhe eher bei € 85.000 einzustufen sei.

Erst nach den umfangreichen kritischen Stimmen erfolgte eine überarbeitete Version des Gesetzentwurfes.

MASKENPFLICHT

Relativ rasch seit Anfang der Krise drehte sich die Frage um eine allgemeine Maskenpflicht. Obwohl diese von wissenschaftlicher Seite als sehr sinnvoll angesehen wurde, äußerte sich die Bundesregierung hierzu zunächst nicht eindeutig. Ende März sah Jens Spahn „in der jetzigen Lage keine Notwendigkeit für eine Verpflichtung".

Die Hauptargumente bestanden aber nicht darin, dass es nicht sinnvoll sei, Masken zu tragen. Sondern es gab schlicht die Anzahl der benötigten Masken nicht.

Trotz der Studie aus dem Jahr 2012, in der ein solches Szenario mit erschreckender Ähnlichkeit vorhergesehen wurde, wurden keine Masken beschafft. Wenn nun eine frühzeitige Pflicht an alle Bürger ergangen wäre, Masken zu tragen, gäbe es nicht mehr genug Masken für das medizinische Fachpersonal.

Auch gesellschaftlich hätte das eine Rolle spielen können. Wären mehr Masken im März 2020 verfügbar gewesen, hätte mit einiger Wahrscheinlichkeit die Kontaktsperre schon viel früher gelockert werden können.

Auch von Seiten der wissenschaftlichen Berater der Bundesregierung gab es widersprüchliche Einschätzungen, ob das Maskentragen nun sinnvoll ist oder nicht. Nach wissenschaftlicher Datenlage gab es im März 2020 nur sehr wenig Studien, die sich mit Masken und deren Schutzpotenzial beschäftigten. Der stellvertretende Präsident der Deutschen Gesellschaft für Krankenhaushygiene äußerte dann auch, dass es zu kaum einem Gebiet in der Hygiene so wenig Forschung wie zu Atemmasken gäbe.

Ende März 2020 änderten dann auch das Robert-Koch-Institut und die WHO ihre Einschätzungen zu Masken, die sie fortan für die Allgemeinheit für sinnvoll hielten.

Bereits im Februar 2020 wurde Bundesgesundheitsminister Jens Spahn darauf hingewiesen, dass es durch die Situation in China auch zu einem Mangel an Masken in Deutschland kommen könne. Die Warnung kam nicht von irgendwem, sondern von einem Hersteller für hygienische Schutzprodukte[17]. Denn in China wurden Anfang des Jahres noch über 90 % der Weltproduktion an Schutzmasken fabriziert.

Recht spät im Verlauf kam es dann zu einem Exportverbot von Masken, durch die Knappheit explodierten die Preise. Dies wurde dadurch angetrieben, dass die US-Regierung mit umfangreichen finanziellen Mitteln versuchte, weltweit Schutzausrüstung für die USA einzukaufen.

Eine FFP2 Maske, die Ende 2019 noch unter einem Euro rangierte, kostete nun € 14,99. Der Handel bei Ebay und Amazon mit Hygieneartikeln wurde wegen der Preisentwicklung nahezu ausgesetzt.

Das Beschaffungsamt der Bundeswehr sollte für die Bundesregierung weltweit Masken organisieren, konnte aber nur 30.000 Masken auftreiben – diese Zahl langt für ein einziges Krankenhaus etwa einen Monat – je nach Umsetzung der Maskentrageempfehlungen. Es kam bei den Bestellungen zu Problemen, weil die georderten Masken in anderen Ländern wegen deren Eigenbedarf beschlagnahmt wurden und nie in Deutschland ankamen.

Auch durchgeführte Ausschreibungen führten zu keinem Ergebnis, da der Markt in einer Krise anders funktioniert.

Die allgemeine Schätzung des Bedarfes für medizinisches Personal liegt bei 17.000.000 Masken[18] in Deutschland, pro Monat. Die Bundesregierung konnte zunächst also etwa nur 0,1 % des monatlichen Bedarfs für medizinisches Fachpersonal beschaffen.

---

[17] Achim Theiler, Warnung am 05.02.2020 per Email an Jens Spahn, Geschäftsführer der Franz Mensch GmbH.
[18] FFP2, für normalen Mundschutz liegt die Schätzung bei 45 Millionen pro Monat.

Aufgrund der Knappheit vor allem an Masken begannen dann behördliche Empfehlungen, Masken mehrfach zu verwenden oder diese nach Gebrauch wieder aufzubereiten.

Erst im weiteren Verlauf setzte Spahn dann auf eigene Produktion in Deutschland und versprach Herstellern eine Abnahmegarantie bis Ende 2021, wenn 100.000 Stück pro Woche geliefert werden können.

PRÄMIE FÜR PFLEGEKRÄFTE

Aufgrund der außerordentlichen Leistungen wurde Pflegekräften von Minister Spahn eine Prämie als Anerkennung ihrer Leistungen zugesagt.

Die Höhe rangierte bei immerhin € 1.500 als sogenannte Corona-Sonderprämie.

Eigentlich war eine Zahlung aus der Pflegeversicherung geplant, aber Mitte April, es war bis dato zu keiner Zahlung gekommen, formierte sich deutlicher Widerstand bei den Krankenkassen gegen die Auszahlung. Kernkritik war, dass nicht die Beitragszahler alleine für die Prämie aufkommen sollen. Vorgeschlagen wurde eine Auszahlung durch Steuerzahler und Politik.

Anfang April 2020 hatte der Spitzenverband der gesetzlichen Krankenkassen noch den Anschein erweckt, dass z. B. Pflegeheime die Prämie direkt gegenüber den Kassen abrechnen könnten.

Die Höhe der Gesamtsumme wurde auf ca. 1 Milliarde € Mehrkosten geschätzt.

Somit blieb es zunächst bei viel Lob und Anerkennung, aber ohne Auszahlung von Corona-Prämien an systemrelevante Berufe insbesondere im Gesundheitswesen.

SELBSTKRITIK DES BUNDESGESUNDHEITS-MINISTERS

Im April 2020 hat Bundesgesundheitsminister Jens Spahn für die Analyse von politischen Entscheidungen einen fairen Umgang gefordert. Unter anderem mit einem Statement wie „Wir werden viel verzeihen müssen."

Hier ist zu sagen, dass es eine solche Krise vergleichbarer Art noch nie gab. Daher sind die Entscheidungen sicher an der Informationslage zu bemessen, die aus ex ante Sicht zum jeweiligen Zeitpunkt vorlag.

Allerdings zeichnet sich ab, dass viele Missstände oder Probleme bereits im Vorfeld bekannt waren oder mit vernünftigem Menschenverstand zuverlässig hätten erkannt werden können. Hier darf von einem Bundesgesundheitsminister die Einarbeitung in medizinische Themen in ausreichender Tiefe nicht erst in einer Krise, sondern bereits weit davor, erwartet werden.

REISEGUTSCHEINE

Aufgrund der Corona-Krise und der damit einhergehenden Reduktion bzw. Unmöglichkeit von Reisen wollte die Bundesregierung die Rückzahlungsregeln für Reisekosten ändern.

Nach bisherigem Recht sind die Reisekosten in voller Höhe zurückzuzahlen, wenn die Reise nicht stattfinden kann. Nach der neuen Regelung soll statt des Reisepreises selbst Gutscheine in Höhe des Reisepreises verteilt werden können.

Gutscheine sind nur eine gute Idee, wenn sie freiwillig ausgegeben werden und auch gewollt werden. Ansonsten stellen sie einen Zwangskredit für das jeweilige Reiseunternehmen durch den Endverbraucher dar. Der Verbraucher leiht dem Reiseunternehmen Geld – in Höhe des Reisepreises – ohne Zinsen.

Reisende haben sich mit der Buchung für eine bestimmte Zeit und eine bestimmte Art der Reise entschieden. Es kann gar nicht garantiert werden, dass dieselbe Reise später noch unter denselben Bedingungen (z. B. aufgrund neuer Abstandsregelungen oder Hygienemaßnahmen) stattfinden kann. Zudem könnte der Preis für eine vergleichbare Reise in der Zukunft viel höher liegen, sodass der Gutschein mit der Zeit an Wert verliert.

Zudem gibt es eventgebundene Reisen, die sich so nicht einfach wiederholen lassen, z. B. zu einer Fußballweltmeisterschaft oder zum 100jährigen Jubiläum etc.

Natürlich leiden Reiseunternehmen in Zeiten einer Pandemie auf hoher Intensität. Das gilt allerdings auch für viele Endverbraucher, die je nach beruflichem Status genauso betroffen sein können.

Auch eine Härtefallregelung, die in Einzelfällen doch die Rückzahlung des Geldes verbriefen soll, wirkt an der Stelle ungerecht. Denn damit müsste der Endverbraucher nachweisen, dass er sein eigenes Geld benötigt, während das Reiseunternehmen dies nicht nachweisen müsste.

Letztlich wird mit Reisegutscheinen das unternehmerische Risiko auf die Endverbraucher verlagert.

Dabei stehen der Bundesregierung noch andere Optionen offen, z. B. ein Rettungsfonds für die Reisebranche.

Die EU-Kommission widerspricht indes den Plänen der Bundesregierung zu Reisegutscheinen, ebenso wie einige Unternehmen der Branche selbst. Denn damit nach der Krise wieder Umsatz generiert werden kann, benötigt es zahlende Kunden. Wenn die aus Angst vor Rückzahlungsproblemen und der Erfahrung mit Versicherungen, die aufgrund einer Pandemie keine Zahlungspflicht im Hinblick auf die Reiserücktrittsversicherung sehen, nicht buchen, stehen die betroffenen Unternehmen trotz Reisegutscheinen vor der Insolvenz.

Die Bundesregierung war bereits 2019 im Rahmen der Insolvenz von Thomas Cook aufgefallen. Obwohl es zahlreiche Warnungen aus der Reisebranche ob der Höhe gab, wurde an der jährlichen Obergrenze für Rückversicherer für Insolvenzen bei Reiseunternehmen bei 110 Millionen festgehalten, obwohl absehbar war, dass eine solche Summe im Ernstfall nicht ausreichen würde.

So war es dann auch. Die benötigte Summe bei der Insolvenz lag bei ca. 290 Millionen Euro, also dem dreifachen Wert. Da die versicherte Summe nicht für den vollen Ausgleich reichte, bekamen die Kunden nur einen quotierten Anteil zurück.

Mietenmoratorium

Im Zuge der Corona-Krise hatte die Bundesregierung beschlossen, dass einem Mieter im Zuge der Pandemie nicht wegen Mietschulden gekündigt werden darf. Der Beschluss erfolgte durch Bundestag und Bundesrat.

Betroffen sind Mieten von April bis Juni 2020, die bei Nichtentrichtung nicht zu einer Kündigung seitens des Vermieters führen dürfen. Die Regelung galt für Wohn- und Gewerbemietverträge. Die Bundesregierung wurde jedoch ermächtigt, den Zeitraum bei Bedarf bis September 2020 zu verlängern.

Der Mieter soll die Notwendigkeit gegenüber dem Vermieter beweisen. Bei Unternehmen gilt dies z. B. bei einer behördlichen Schließung. Die ausgefallene Miete soll dann bis Juni 2022, also binnen 2 Jahren, zurückgezahlt werden.

Die Sichtweise an sich ist etwas kurzsichtig. Wenn Mieten nicht gezahlt werden, brechen auch dem jeweiligen Vermieter die Umsätze weg. Dieser hat aber selbst weiter seine Fixkosten, z. B. Kreditraten zu tragen, sodass dieser im ungünstigen Fall aufgrund dieser Situation selbst Insolvenz anmelden muss. Aber auch eine Stufe geringer gäbe es Probleme: Aufträge an Handwerker und Dienstleister etc. müssten zurückgezogen werden, auch diese hätten dann Umsatzeinbußen zu verzeichnen.

Als Alternative wurde ein Fonds vorgeschlagen, der bei nachweisbarer Zahlungsproblematik in der Corona-Krise die Mietzahlung für den Mieter übernimmt. Der Mieter erhält über den Fonds ein zinsloses Darlehen. Eine solche Regelung würde die Verteilungsgerechtigkeit erhalten.

Die Regelung wurde indes von Großunternehmen ausgenutzt, die über große finanzielle Reserven verfügten, teilweise in den letzten Jahren hohe Gewinne erzielt und an Aktionäre entsprechende Dividenden verteilt hatten. Diese waren nun plötzlich nicht mehr bereit, ihre Mieten zu bezahlen, obwohl sie sich das finanziell weiter gut leisten konnten.

Erst nach zahlreicher Kritik aus Politik, Wirtschaftsexperten und auch den Verbrauchern selbst wurde das Verhalten in den Unternehmen überdacht. Betroffen waren u. a. Adidas, H&M und Deichmann.

Zeitweise gab es seitens der Endverbraucher Boykottaufrufe, die letztlich zu Entschuldigung und Rücknahme der Mietaussetzung von Firmen führten.

ZENTRALE DATENSPEICHERUNG DER CORONA-APP

Das Robert Koch Institut entwickelte die App PEPP-PT, der Begriff steht für Pan-European Privacy Preserving Proximity Tracing. Doch aufgrund der eiligen Programmierung wurde hier wenig Rücksicht auf den Datenschutz genommen.

Die App soll eine anonymisierte[19] Warnung an andere Menschen schicken, die Kontakt zu einer infizierten Person hatten.

Hierbei kann man die Funktionsweise wie folgt beschreiben: Nähern sich Handys an, erkennen sie sich mittels der Bluetooth-Funktion. Diese Erkennung wird registriert und gespeichert. Wird später einer der Handybesitzer positiv auf COVID-19 getestet, erhalten nach Datenabgleich alle Besitzer von Handys, die sich auf weniger als 2 Meter genähert hatten, eine Push-Nachricht mit dieser Information.

Die Nachricht erfolgt als TAN[20], mit der sich die betreffende Person beim Gesundheitsamt melden kann.

Aufgrund der geringen Reichweite von 2 Metern verwendet das Handy nicht die normale Bluetoothfunktion (bis zu 20 Meter und mehr), sondern Bluetooth Low Energy. Diese Funktion wird derzeit von vielen Mobiltelefonen aber gar nicht unterstützt[21].

Der Name Pan-European ist dabei etwas irreführend, denn die App steht nicht in ganz Europa zur Verfügung, sondern bezieht sich auf Deutschland.

---

[19] Zumindest Stand 25.04.2020: Anonymisiert.
[20] Transaktionsnummer, vergleichbar der früheren TAN beim Online-Banking.
[21] Weltweit bei 25 % der Mobiltelefone keine Unterstützung, vgl. https://www.hessenschau.de/gesellschaft/app-soll-beim-corona-exit-helfen---aber-was-ist-mit-datenschutz,corona-app-102.html.

Als Grundidee speichert die App Daten zentral auf einem Server, der von einer Stelle betrieben wird. Diese Stelle wird staatlich sein. Der User der App soll dieser Stelle vertrauen, einfach weil es eine staatliche Stelle ist. Es soll darauf vertraut werden, dass diese staatliche Stelle niemals die Daten prüft und auswertet, sondern nur speichert. Aber eine solche Annahme dürfte im Zeitalter von Big Data unrealistisch sein.

Als staatliche Stelle wird z. B. das Robert-Koch-Institut genannt. Hier ist zu sagen, dass es bereits eine „Datenspende" an das Institut von Fitness-Apps gab. Hier gab es keine Anonymisierung, und ein Ende der Datennutzung ist unklar. Eine Anfrage hierzu von Patrick Breyer, Mitglied des EU-Parlaments, blieb vom Robert-Koch-Institut unbeantwortet[22].

Der allgemeine Datenschutz von heute geht eher dem Prinzip einer dezentralen Verwaltung nach, da dann diese Daten viel schwerer missbraucht werden können. Z. B. die Schweiz setzt auf eine App, bei der die Daten dezentral gespeichert werden.

Die großen Player Apple und Google haben sich in kurzer Zeit geeinigt und bieten eine gemeinsame, dezentrale Lösung an.

Am 22.04.2020 gab die Bundesregierung bekannt, nun doch auch alternative Modelle zu prüfen.

Der CDU-Politiker Tankred Schipanski erwähnte gegenüber dem Handelsblatt, dass die in Deutschland zuständigen Kontrollinstanzen involviert wären und Bürger keinen Grund haben sollten, der App zu misstrauen[23].

In Zusammenhang mit Vertrauen soll an der Stelle erwähnt werden, dass es im Dezember 2019 bereits Probleme mit dem neuen elektronischen Arztausweis gab, der zum Lesen von den kommenden elektronischen

---

[22] https://www.tagesschau.de/investigativ/swr/tracking-app-101.html.
[23] https://www.n-tv.de/panorama/Datenschutz-wichtiger-als-andere-Grundrechte-article21736160.html.

Patientenakten erforderlich sein wird. Im Oktober 2019 waren die Daten von über 168 Ärzten, die einen Antrag auf den Ausweis gestellt hatten, im Internet frei zugänglich. Mit diesen Daten gelang es Nichtberechtigten, sich als Nicht-Arzt einen Ausweis zu organisieren[24]. Mitgliedern des Chaos-Computer-Clubs war es gelungen, nicht nur einen Arztausweis, sondern auch einen Praxisausweis und eine elektronische Gesundheitskarte zu erhalten und einen Konnektor[25] zu bestellen. Die staatliche Stelle, Gematik GmbH, stoppte daraufhin die Ausgabe weiterer Ausweise. Es wurde berichtet, dass Patientendaten nicht in Gefahr waren, da eben noch keine Daten gespeichert wurden. Vorher wurde verkündet, es lägen „militärische Sicherheitsstandards" vor, sowie ein „Höchstmaß an Schutz für die personenbezogenen medizinischen Daten."[26]

Eine weitere „sichere" staatliche Kommunikationsplattform war davor das elektronische Anwaltspostfach, dass ebenso unter gravierenden Datenschutzmängeln litt und nicht eingeführt werden konnte.

Am dem 26.04.2020 favorisierte die Bundesregierung bzw. Bundesgesundheitsminister Jens Spahn nach einem offenen Brief von etwa 300 Wissenschaftlern schließlich die dezentrale Speicherung von Daten.

---

[24] https://www.spiegel.de/netzwelt/netzpolitik/ccc-hacker-finden-sicherheitsluecken-in-der-telematikinfrastruktur-a-1302902.html.
[25] Gerät, das die Anbindung der Praxis-EDV an andere Praxen und die Kassenärztliche Vereinigung bzw. elektronische Arztbriefe ermöglicht.
[26] https://fahrplan.events.ccc.de/congress/2019/Fahrplan/events/10595.html.

EPIDEMIOLOGISCHE DATEN

Mit Fortschreiten der Krise veröffentliche Das Robert-Koch-Institut tagesaktuelle Zahlen zur Entwicklung. Auf Basis dieser Zahlen sollten viele politische Entscheidungen getroffen werden. Allerdings wurden nur die Zahlen der positiven Testungen sowie die Zahl der Verstorbenen in Zusammenhang mit Corona gemeldet.

GEMELDETE INFEKTIONEN

Die Zahl weist keine tiefe Aussagekraft auf, da sie sich nicht auf die ganze Bevölkerung bezieht. Es werden dadurch also nicht alle gerade Infizierten in Deutschland angegeben, sondern nur solche, deren Tests positiv verlaufen sind.

Diese Zahl hängt stark davon ab, wie sehr jeden Tag getestet wird (z. B. unter der Woche vermehrt, am Wochenende und Feiertagen weniger), sowie von Folgetestungen, z. B. beim medizinischen Personal. Diese Folgetestungen sind für den Betrieb von Gesundheitsbetrieben wichtig, verbrauchen aber gleichzeitig Testkapazität, sodass weniger allgemein Tests stattfinden können.

Mittels mathematischer Modelle wird versucht, die tatsächliche Anzahl an Infizierten zu schätzen. Sie dürfte 10 bis 20 Mal höher liegen als die tatsächliche Zahl.

Aus der Zahl der täglich erhobenen positiven PCR-Befunde kann zwar logarithmisch eine Verdoppelungszeit errechnet werden. Diese gibt aber nur an, innerhalb welcher Zeit doppelt so viele Menschen positiv getestet werden – nicht dagegen, innerhalb von wieviel Tagen sich die Virusinfektion in der Bevölkerung verbreitet.

Hiervon dürfen keine umfangreichen politischen Entscheidungen abhängig gemacht werden. Dies würde nur gelten, wenn man Daten hierzu aus systematischen Erhebungsstudien hätte – die es schlicht nicht gibt.

Für politische Entscheidungen sind zudem aktuelle Zahlen wichtig. Die Zahl der gemeldeten Testungen bezieht sich aber auf die Vergangenheit (mindestens 1 Tag). Diese Zeit wird benötigt, bis der Test vom Labor bzw. Arzt an das Gesundheitsamt gemeldet wird, dort verarbeitet und weiter an das Robert-Koch Institut gesandt. Einige Gesundheitsämter hatten an den Wochenenden keine Daten übertragen, was zu sinkenden Zahlen am Wochenende und steigenden Zahlen am Wochenbeginn führte, also die Nachmeldungen vom Wochenende eintrafen.

Bezieht man noch andere Parameter ein, ergibt sich ein Meldeverzug von bis zu 15 Tagen – d. h. die Zahlen des jeweiligen Tages sind in Wirklichkeit schon 2 Wochen alt.

Während der ganzen Zeit wurde nicht über eine aus der Forschung bekannte Stichprobenerhebung einer repräsentativen Gruppe aus der Bevölkerung gesprochen. Mit einer solchen Erhebung hätte die Gesamtzahl der Infektionen in Deutschland deutlich valider berechnet werden können.

Eine solche Gruppe hätte mindestens 10.000 Studienprobanden enthalten müssen und u. a. über die u. g. Risikogruppen stratifiziert werden. Mit einer solchen Studie lässt sich bei Einbeziehung eines Antikörpertests auch eine Aussage zur Immunität treffen.

ZAHL DER VERSTORBENEN / LETALITÄT

Da nicht bekannt ist, wie viele Bürger in Deutschland tatsächlich mit dem neuen Coronavirus infiziert ist, kann auch die Letalität nicht berechnet werden. Es fehlt eine entsprechende Grundgesamtheit.

Ein Beispiel soll dies verdeutlichen:

Am 26.04.2020 lag die Zahl der positiven Tests in Deutschland bei 154.175, es waren in Zusammenhang mit SARS-CoV-2 5.640 Menschen verstorben. Das ergibt eine Letalität von 3,66 %.

Die wahrscheinliche Zahl der Infektionen in Deutschland lag, wenn man von einer 10fach höheren Rate an tatsächlichen, aber (noch) unerkannten Infektionen ausgeht, bei 1.540.175 infizierten Menschen. Das ergibt bei 5.640 verstorbenen Menschen eine Letalität von 0,3 %.

Die Letalität wird also (deutlich) überschätzt.

Das Robert-Koch-Institut berechnet die Letalität allerdings nach ersterem Beispiel, welches absolut von der Häufigkeit der Tests abhängt[27].

Weiterhin beweist ein positiver Test mit einem Versterben im weiteren Verlauf nicht, dass der Patient am neuen SARS-CoV-2-Virus verstorben ist. Um das festzustellen, wären Obduktionen erforderlich. Diese wurden lange Wochen nur in Hamburg durchgeführt, da das Robert-Koch-Institut zunächst aus Sicherheitsgründen von Obduktionen abriet. Erst Ende April wurde die Meinung dazu geändert und die Durchführung von Obduktionen empfohlen.

Aus der Wissenschaft ist bekannt, dass Krankheiten zu einem großen Teil durch Obduktionen besser verstanden werden können. Pathologen und Rechtsmediziner sind in der sicheren Durchführung von Obduktionen geschult. Zudem ist das Virus in die Biosicherheitsstufe 3 eingeordnet (von 4), eine Obduktion ist mit entsprechender persönlicher Schutzausrüstung risikoarm möglich.

Aber ohne eine Leichenschau bleibt letztlich unklar, ob ein Patient an oder mit COVID-19 verstorben ist. Es muss dafür ein Score geschaffen

---

[27] Die einzige Stichprobe stammt vom Kreuzfahrtschiff „Diamond Princess", bei der sämtliche Personen getestet wurden (3711 Personen, 705 Infizierte, 10 Tote). Die Personen waren für Deutschland aber nicht repräsentativ, daher können die Ergebnisse nicht unmittelbar übertragen werden.

werden, z. B. in dem Sinn dass ein verstorbener Patient nur zu den COVID-19-Todesfällen zählt, wenn neben dem positiven PCR-Test auch eine Lungenentzündung oder entsprechende respiratorische Symptome vorlagen.

Verbände von Pathologen haben der Empfehlung des Robert-Koch-Instituts, keine Leichenschau durchzuführen, bereits im April 2020 widersprochen.

In den USA hat die Durchführung von Obduktionen zu einer Verschiebung der Timeline des ersten Auftretens um 3 Wochen nach vorne geführt – die untersuchte Verstorbene wurde bei der Obduktion als an COVID-19 erkrankt diagnostiziert[28].

Inzwischen gibt es auch in Deutschland ein Register für COVID-19-Obduktionen[29].

Es wurde auch kein Vergleich der Letalitätszahlen in Bezug auf Altersgruppen und in Bezug auf die vorherigen definierten Zeiträume angestellt.

Nur mit einem Periodenvergleich, z. B. im Jahr davor, im Jahrzehnt davor, kann erkannt werden, ob die Zahl der Verstorbenen tatsächlich höher liegt oder nicht.

Aus den Daten von China konnte man relativ schnell ermitteln, dass unter den schweren Verläufen und Todesfällen bei den Infizierten vor allem ältere Menschen und Menschen, die Risikogruppen (Vorerkrankungen, Nikotinabusus) angehören, lagen.

---

[28] https://www.doccheck.com/de/detail/articles/26803-covid-obduktionen-verpennte-chance.
[29] https://www.pathologie-dgp.de/die-dgp/aktuelles/meldung/pathologie-der-uniklinik-aachen-stellt-deutsches-register-fuer-covid-19-obduktionen-auf-die-beine/.

Eine klare Aufstellung dieser Zahlen wäre eine sinnvolle Basis für politische Entscheidungen gewesen.

GENESENE PATIENTEN / ASYMPTOMATISCHE PATIENTEN

Die Kurve der Neuinfektionen für sich selbst bietet einen erschreckenden Anblick.

Dem müsste eine weitere Kurve von Menschen gegenübergestellt werden, die wieder genesen sind bzw. auch Menschen, die das Virus zwar tragen, aber einen asymptomatischen Verlauf erleben.

Es würde sich zeigen, dass der ganz überwiegende Teil der Menschen mit durchgemachter Infektion keinen bleibenden Schaden erfahren hat.

Dadurch sähe die eingangs erwähnte Schreckenskurve viel weniger gravierend aus und würde dazu beitragen, Panik zu vermeiden.

SOCIAL DISTANCING

Die Maßnahmen des allgemeinen Social Distancing, also Kontaktbeschränkung und berufliche Tätigkeit nur in krisenwichtigen Berufen, war Anfang 2020 nicht gut durch Studien belegt.

Während der Zeit der Spanischen Grippe wurde zwar Social Distancing angewandt, allerdings lässt sich das alltägliche Leben der damaligen Zeit nicht einfach auf die heutige Zeit übertragen.

Zwei Beispiele:

So haben damals Frauen praktisch kaum gearbeitet, wenn also Schulen schließen, waren die Kinder alle durch die eigene Familie versorgt. Heute dagegen besteht weitgehende Gleichberechtigung, wenn die Kinder zu Hause bleiben müssen, muss mindestens ein Elternteil auch zu Hause bleiben.

Die Pflegepersonen der damaligen Zeit waren vor allem Ordensschwestern ohne Kinder. Sie konnten problemlos weiterarbeiten. Die Pflegepersonen der heutigen Zeit leben in normalen familiären Strukturen, auch mit Kindern. Auch sie müssten dann zu Hause bleiben.

In der Frühphase einer Epidemie kann Social Distancing eine gewisse Zeit lang sinnvoll sein. Es benötigt nicht unbedingt einer wissenschaftlichen Studie um festzustellen: Wo gar kein Kontakt zu anderen mehr stattfindet, kann es auch keine Übertragungen mehr geben.

Aber: Umfangreiches Social Distancing erzeugt viele schwerwiegenden Nebenprobleme, auch als Kollateralschaden zu bezeichnen.

Die Wirtschaft wird nahezu komplett ausgebremst, dies führt zur einer langanhaltenden Rezession mit daraus folgenden Problemen. Als Vergleich können hier die Auswirkungen der ersten Weltfinanzkrise 2008, die durch die Pleite der Bank Lehmann-Brothers eingeläutet wurde, herangezogen werden.

Bestehende Konflikte werden verschärft, Bürger mit eher niedrigem Einkommen trifft die Maßnahme eher als Personen mit großem finanziellem Spielraum. Auch soziale Konflikte wie häusliche Gewalt dürfte zunehmen.

Weiterhin schränken solche Maßnahmen umfangreich die Grundrechte, die vor allem Abwehrrechte der Bürger gegen den Staat darstellen, ein. Durch Regieren von Einzelpersonen per Erlass und Verordnung wird am demokratisch gewählten Bundestag vorbeiregiert.

Zum Einhalten des Social Distancing werden Maßnahmen üblich, die sonst nur aus totalitären Staaten bekannt waren und noch Anfang 2020 in Deutschland undenkbar gewesen wären (z. B. Geldstrafen beim Grillen mit dem Nachbar, Platzverweis beim alleinigen Sitzen auf einer Parkbank, individuelle Handyortung per App).

Viele finanziell wackelig aufgestellten kleineren Firmen, Selbstständige und Freiberufler stehen ohne Reserven relativ schnell vor der Insolvenz.

Grundsätzlich ist zu sagen: Staatliche Hilfen müssen früher oder später von den Steuerzahlern wieder zurückgezahlt werden.

Aber auch ganze Staaten können betroffen sein. In der Folge dürfte durch den Einbruch der Wirtschaft auch das Gesundheitssystem stark leiden, was zu eigenen, indirekten Opfern (Toten) führen würde.

Werden die Maßnahmen des aggressiven Social Distancing wieder gelockert, erhöht sich die Gefahr des Wiederanstiegs der Infektionen, der sogenannten 2. Welle.

Dennoch wurde trotzdem nicht darüber nachgedacht, spezielle Risikogruppen bezüglich einer COVID-19 Infektion gesondert zu behandeln, die Nicht-Risikogruppen jedoch nicht, sodass das Wirtschaftsleben nicht vollständig ausgebremst wäre und die Gesundheitsversorgung weiterhin gesichert.

Als Risikogruppen kann man Stand April 2020 identifizieren:

- Menschen mit hohem Alter
- Menschen mit bestimmten Vorerkrankungen
- Arbeit/Leben in sozialen Einrichtungen (z. B. Krankenhaus, Pflegeheim)
- Bestandteil eines lokalen Ausbruchsclusters

Das Risiko steigt weiter, wenn man mehreren Gruppen (z. B. hohes Alter, Pflegeheim, Vorerkrankungen) angehört.

Für diese Personen sollte ein zielgruppenorientiertes Schutzkonzept umgesetzt werden.

Für abgestufte Schutzkonzepte bietet sich die Entwicklung eines Scores an, der z. B. im Ergebnis den Grad der Schutzbedürftigkeit feststellt. Je nach Ergebnis werden spezifische Präventionsmaßnahmen zugeordnet und eingeleitet. In sozialen Einrichtungen könnte eine kohortenbasierte Versorgung umgesetzt werden (Gruppen mit Infizierten und Nichtinfizierten werden getrennt im Krankenhaus behandelt oder im Pflegeheim auf getrennten Stationen).

NUTZENABWÄGUNG VON MAßNAHMEN

Bei sehr einschneidenden, grundrechtseingreifenden Maßnahmen als Strategie zur Bekämpfung einer Pandemie sollte der zu erwartende Nutzen gegen den zu erwartenden Schaden gegengerechnet werden.

Wenn dies nicht geschieht, kann es sein, dass die Präventionsmaßnahmen zu einem größeren (Kollateral)schaden führt als die Pandemie selbst es würde.

In einem Rechtsstaat muss jederzeit die Diskussion über grundrechtseinschränkende Maßnahmen möglich sein. Unter diesem Gesichtspunkt war es ungünstig, dass Bundeskanzlerin Dr. Angela Merkel Ende April mit der Wortwahl „Öffnungsdiskussionsorgien" ihren Missmut verlautbarte.

Präventionsmaßnahmen dürfen auf Dauer keine Grund- und Menschenrechte einschränken oder vernichten. Dem Schutz menschlichen Lebens dürfen nicht sämtliche Freiheitsrechte, Wirtschaftsrechte und anderen Rechte (z. B. Kultur) dauerhaft und bedingungslos untergeordnet werden. Jeder Mensch muss dabei ein allgemeines Lebensrisiko akzeptieren[30].

Ein Lockdown „um jeden Preis" kann in verschiedenen Szenarien analysiert werden.

Eines der Ungünstigeren davon wäre, dass die Marktwirtschaft durch übermäßig viele Insolvenzen der mittelständischen Firmen zusammenbricht (auch international, weltweite Rezession). Dazu muss nicht nur die Insolvenz einer Firma an sich verhindert werden, sondern auch üblicher Konsum wieder möglich sein – ansonsten werden Firmen nicht aus den roten Zahlen kommen. Nachfolgend kommt es sonst zum Zusammenbrechen von Lieferketten, Supermärkte haben keine Produkte mehr oder schließen ganz, Tankstellen können kein Benzin mehr

---

[30] Vgl. Deutscher Ethikrat 2020, Ad-Hoc-Stellungnahme zur Corona-Krise.

verkaufen usw. Nach und nach brechen immer mehr Strukturen zusammen. Damit ist auch kein funktionierendes Gesundheitssystem mehr möglich, sodass die Menschen, die durch eine Präventionsmaßnahme eigentlich geschützt werden sollten, nun viel schlechter versorgt werden und reihenweise an banalen Erkrankungen versterben, weil z. B. keine Antibiotika mehr erhältlich sind.